BEI GRIN MACHT SICH WISSEN BEZAHLT

I0009279

- Wir veröffentlichen Ihre Hausarbeit, Bachelor- und Masterarbeit

- Ihr eigenes eBook und Buch - weltweit in allen wichtigen Shops

- Verdienen Sie an jedem Verkauf

Jetzt bei www.GRIN.com hochladen und kostenlos publizieren

Bibliografische Information der Deutschen Nationalbibliothek:

Die Deutsche Bibliothek verzeichnet diese Publikation in der Deutschen National-
bibliografie; detaillierte bibliografische Daten sind im Internet über http://dnb.d-
nb.de/ abrufbar.

Impressum:

Copyright © 2012 GRIN Verlag, Open Publishing GmbH
Druck und Bindung: Books on Demand GmbH, Norderstedt Germany
ISBN: 9783656650744

Dieses Buch bei GRIN:

http://www.grin.com/de/e-book/272764/der-hype-um-google

Roman Gießwein, Liza Royek, Marie-Therese Lavall

Der Hype um GOOGLE

GRIN Verlag

GOOGLE

Seminararbeit im Rahmen des

Seminars zu Betrieblichen Informationssystemen

- IT-Hype -

Thema Nr. 6

Vorgelegt am Betriebswirtschaftlichen Institut der Universität Stuttgart,

Abteilung VIII,

Lehrstuhl für ABWL und Wirtschaftsinformatik II (Unternehmenssoftware)

Inhaltsverzeichnis

1.Einleitung

Die Firma Google Inc. ist in erster Linie durch die gleichnamige Suchmaschine und eine innovative Produktpolitik bekannt geworden, mit der sich das Unternehmen eine Vielzahl von zusätzlichen Internetdienstleistungen aufgebaut hat. Innerhalb von 13 Jahren hat sich das ehemalige Startup zu einem Multinationalen-Konzern mit Milliarden-Gewinnen entwickelt. Die Basis für diesen Erfolgt legten Larry Page und Sergei Brin, die Erfinder der Suchmaschine. Von dort an hat sich das Unternehmen mit seinem Geschäftsmodell durchgehend evolutionär weiterentwickelt: Es wird kontinuierlich an der Kernkompetenz, der schnellen und präzisen Internetsuche, gearbeitet und rund um diese wird die Produktpalette erweitert. Im Laufe der Jahre wurden zahlreiche Funktionen eingeführt, welche die ursprüngliche Suchfunktion ergänzen und zusätzlich die Kommunikation und Zusammenarbeit erleichtern. Im Allgemeinen bietet Google eine zielsichere und Zeit sparende Nutzung des Internets in Kombination mit nützlichen Funktionen. [1]

In der folgenden Seminararbeit zum Thema Google wird auf die Forschungsfragen, wie es das Unternehmen von einer Suchmaschine zur am schnellsten wachsenden Firma der Welt geschafft hat und wie der Konzern den Hype ausnutzt um sich zu verbessern, eingegangen. Nach der anfänglichen Thematisierung des Begriffs *Hype* und dessen Bedeutung für die Firma folgt ein geschichtlicher Abriss der Entstehung des Unternehmens. Anschließend wird detailliert auf Anwendungen und Funktionen der Suchmaschine eingegangen und abschließend der Ausblick und zukünftige Entwicklungen vorgestellt. Dabei wird auf die Finanzierungspläne, die marktbeherrschende Stellung und den Datenschutz eingegangen.

---

2. Google als Hype

2.1. Definition des Begriffs Hype

Der Begriff Hype wird als ein Zustand der Werbung beschrieben, welcher sehr auffällig, aggressiv oder gar spektakulär ist und eine enorme Euphorie beim Konsument hervorruft.[2] Des Weiteren wird der Begriff auch als vorübergehende, in den Medien übertriebene Nachricht angesehen, welche absichtlich von den entsprechenden Interessenträgern initiiert und bewusst auf den Abnehmer ausgerichtet wird.[3] Ein Hype gibt die Innovationskraft einer Neuerung wieder und zeigt aktuelle Tendenzen auf.[4]

2.2. Der Hype um Google

Als die beiden damaligen Studenten Lary Page und Sergei Brin 1998 die Suchmaschine Google gründeten, war noch niemanden bewusst welchen Einfluss diese in Zukunft auf die Internet-Welt besitzen wird. Das Unternehmen ist in rasanter Geschwindigkeit zu einem mächtigen Internetkonzern mit einer vielseitigen Produktpalette und einem Börsenwert, höher als die Unternehmen an der Wall Street, gewachsen. Zahlreiche Menschen weltweit nutzen täglich die Dienste des Online Anbieters und Google beherrscht neben der Suche zahlreiche Produktbereiche wie zum Beispiel die Online-Werbung, Blogging, Nachrichtendienste und Geoinformationen.[5] Allein an der geschichtlichen Entwicklung des Unternehmens, auf welche im Kapitel 2. näher eingegangen wird, ist erkennbar was für eine bedeutende Stellung Google im Laufe der Zeit in der Internetwelt eingenommen hat. Da mittlerweile nach 13 Jahren immer noch kein Ende des Erfolgs in Aussicht ist kann wohl von wesentlich mehr als einem kurzlebigen Hype gesprochen werden.[6] Mit *Google Mail*, welches das Unternehmen 2004 auf den Markt bringt, löst die Firma den ersten Hype um eines seiner Produkte aus.

Man kann sich für diesen Service, welcher 1GB Speicherplatz enthält, nur auf Einladung eines bereits registrierten Nutzers anmelden und unter der Bevölkerung hoffen eine Vielzahl von potentiellen Nutzern auf eine Einladung.[7] Durch die Entwicklung einer breiten Produktpalette, auf die im Verlauf dieser Arbeit noch detaillierter eingegangen wird, ist erkennbar wie viele neue Funktionen Google in einem so kurzen Zeitraum geschaffen hat und welche Marktmacht sich der Mulitnationale-Konzern

[2] vgl. Farlex (2011), http://de.thefreedictionary.com/Hype
[3] vgl. Andres (2005), S. 43
[4] vgl. Walser Organisation (2011), http://www.task-force.ch/2.php?Nr=224
[5] vgl. Siegenheim, Kaufmanns (2009), S.16
[6] vgl. Zebisch (2010), S.10
[7] vgl. Schwerin (2009), URL siehe Literaturverzeichnis

angeeignet hat. Ein Großteil der Internetnutzer greift täglich auf die Plattform und seine Dienste zu. Der Duden beschreibt „Googlen" mit der Suche im Internet. Durch das Vorkommen in einem der bedeutendsten Nachschlagewerke steht Google weltweit als Synonym für die Suche im Internet. Auch der Hype des mobilen Internets, an dem sich das Unternehmen maßgeblich beteiligt und auf den im Kapitel 5.1.1. detaillierter eingegangen wird, besitzt deutliche Auswirkungen auf die mittlerweile marktbeherrschende Stellung des Konzerns.[8] Ein weiterer Aspekt mit Auswirkung auf den Unternehmenserfolg ist die technische Infrastruktur der Firma. Das globale IT-Modell besteht im Aufbau leistungsstarker Systeme, unter der Verwendung von günstiger Hardware und anspruchsvoller Software, mit dem Ziel die Geschwindigkeit zu optimieren und Kosten sowie Zuverlässigkeit zu verbinden. Das Ergebnis einer Suchanfrage muss eine befriedigende Nutzung und eine Reaktionszeit von einer Sekunde aufweisen. Die daraus resultierende kurze Verarbeitungszeit ist ein zusätzlicher Indikator für den Erfolg der Suchmaschine. Nicht zuletzt Googles spezifische IT-Infrastruktur ermöglicht es, durchgehend Kontrolle auszuüben und eigenen Anwendungen, sowie die der Partner zu verbessern.[9] Diese Beispiele und viele weitere, auf die im Laufe der Arbeit detailliert eingegangen wird, geben Aufschluss warum vom Hype um Google und die wachsende Bedeutung des Unternehmens gesprochen wird. Im weiteren Verlauf des Aufsatzes wird dargestellt wie Google den Hype ausnutzt und sich durch neue Funktionen kontinuierlich verbessert.

---

[8] vgl. Wiedermann, Krys (2011), S.251-256
[9] vgl. Chen u.a. (2009), S.64

4

3. Die Historie von Google

3.1. Die Gründung von Google

Die Geschichte von Google ist eng mit der Universität Stanford und dem umgebenen Silicon Valley verbunden. Hier trafen sich die beiden damaligen Studenten, Larry Page und Sergei Brin 1995 zum ersten Mal.[10] Anfang des Jahres 1996 begannen die beiden anlässlich ihres Doktorantenprogramms die Suchmaschine „BackRub", einen Google-Vorläufer, zu entwickeln[11]. Diese verfolgte das Ziel alle erhältlichen Informationen im Internet herauszufiltern und dem Nachfragendem entsprechend seiner Suchanfrage zutreffend wiederzugeben.[12] Im Jahr 1989 begann Brin potentielle Partner für die Lizenzierung ihrer Suchtechnologie anzuwerben. Da viele der angestrebten Abnehmer das Potential der neuentwickelten Suchfunktion nicht erkannten war es vorerst von oberster Priorität einen Investor zu finden.[13] Im August 1998 testete der Unternehmer und Professor Andreas Bechtholtsheim zum ersten Mal die Suchtechnologie und war von dem Ergebnis so begeistert, dass er einen Scheck über 100.000 Dollar auf die Firma „Google Inc." ausstellte.[14] Da ein solches Unternehmen bislang noch nicht existierte, ließen Larry Page und Sergei Brin dieses unter dem Namen „Google Inc." registrieren, um den Scheck einlösen zu können. So wurde am 7. September 1998 das Unternehmen „Google Technology Inc." gegründet und die erste Testversion des Programms veröffentlicht.[15] Die Basis für den anfänglichen Erfolg lag darin, dass alternative Suchmaschinen bei ihrer Suche nicht schlechter waren, allerdings ihre Seiten zu umfassend ausbauten. Die im Vergleich zu den Konkurrenten einfach gestaltete Google-Seite verfügte über erheblich mehr Effizienz durch schnellere Bearbeitungszeit, was bei den damaligen langsamen Internetverbindungen maßgebend war. [16]

5 Monate später zog die Firma mit nunmehr acht Mitarbeitern in ein Büro in Palo Alto, Kalifornien.[17] Rund 500.00 Suchanfragen wurden fortan täglich verzeichnet und in der ersten Presseerklärung im Juni 1998 wurde bekannt das Google mittlerweile über 25 Millionen Dollar Gesamtkapital verfügt.

---

[10] vgl. Siegenheim, Kaufmanns (2009), S.29
[11] vgl. Siegenheim, Kaufmanns (2009), S.30
[12] vgl. Siegenheim, Kaufmanns (2009), S.15
[13] vgl. Scott (2008), S.6
[14] vgl. Siegenheim, Kaufmanns (2009), S.34
[15] vgl. Scott (2008) S.7
[16] vgl. Siegenheim, Kaufmanns (2009), S.15 ff.
[17] vgl. Google (2011), http://www.google.de/intl/de/about/corporate/company/history.html

5

Im Verlauf der zweiten Hälfte des Jahres wuchs der Mitarbeiterstamm auf über 40 Mitwirkende und Google verlegte seinen Sitz nach Mountain View.[18] 1999 ersetzte AOL die Suchtechnologie für ihr Portal durch Google und die Suchanfragen stiegen kurzerhand auf rund 3 Millionen pro Tag.[19] Ebenfalls in diesem Jahr hatte sich die anfängliche Testversion der Entwicklung bewährt und das „beta-Zeichen unter dem Logo wurde entfernt, womit das heute weltbekannte Google-Logo eingeführt wurde.[20] Das Jahr 2000 war von Wachstum geprägt: Yahoo fügte Google als seinen Standart-Suchanbieter hinzu, wodurch dieser als entscheidender Konkurrent für die Firma ausschied. Ende des Jahres initialisierte Google das bis heute sehr erfolgreiche Programm AdWords, zusammen mit der Browser- Toolbar, welche größere Flexibilität und eine einfachere Nutzung ermöglichte. Als von dort an über 100 Millionen Suchanfragen täglich bearbeitet wurden. war klar, dass Google ein eindrucksvoller Aufstieg bevorstand.[21]

Bereits Anfang 2001 stand die Suchmaschine schon in fünfundzwanzig Sprachen zur Verfügung.[22] Zu diesem Zeitpunkt wurde auch Eric E. Schmidt angestellt, ein promovierter Informatiker der unter anderem bei Sun Microsystems und Novell seine Management-Fähigkeiten unter Beweis gestellt hatte. Mit seinem Eintritt in die Firma sollte der geplante Börsengang und der weitere Ausbau von Geschäftsfeldern gefördert werden.[23]

Vom Vorstandsvorsitzenden arbeitete sich Eric Schmidt schnell zum Geschäftsführer hoch und ist heute ein bedeutendes Mitglied der „Google Inc".[24] Weiterhin wurde bei Google zunehmend global gedacht. Man reagierte auf die steigende Bedeutung des Internets außerhalb der USA und steigerte die internationale Präsenz durch neue Verbindungen mit Asien und Süd-Amerika. Darüber hinaus wurden neue Firmensitze in Hamburg und Tokio eröffnet. Die Mitarbeiter des Unternehmens arbeiteten ständig an Verbesserungen und Innovationen um die Suchfunktion noch effizienter und populärer zu machen.

---

[18] vgl. Scott (2008), S.8
[19] vgl. Siegenheim, Kaufmanns (2009), S.37-38
[20] vgl. Siegenheim, Kaufmanns (2009), S.38
[21] vgl. Scott (2008), S.9
[22] vgl. Schwerin (2009), URL siehe Literaturverzeichnis
[23] vgl. Bettray u.a. (2004), S.13-14
[24] vgl. Scott (2008), S.10

6

Mitte des Jahres 2001 wurde eine ganz neue Form der Suche eingeführt, die Bilder-suche.[25] Ende des Jahres verzeichnete der Google-Suchindex über drei Billionen Dokumente.

In das Jahr 2002 startete Google mit einer Vielzahl neuer Anwendungen: Zum einen wurde ein Shopping-Tool mit dem Namen Froogle eingeführt, welches es den Nut-zern ermöglichte im Internet nach einer Vielzahl von Produkten verschiedener Anbie-ter zu suchen, Bilder zu zeigen und Preise zu vergleichen. Dieses Shopping-Tool wurde später zur Google- Produktsuche umbenannt.[26] Weiterhin wurden die Produk-te Google Labs und der Google-News Service eingeführt.

Um auf die Begeisterung, welche das neue Medium der Blogs entfacht hatte, einzu-gehen, kaufte Google im Februar 2003 die Firma Pyra Labs. Diese galt als Erfinder von Blog-Diensten, die damals mit „Blogger" die angesehenste Plattform auf diesem Gebiet war und es der breiten Masse ermöglichte, schnell und einfach eigene Texte im Internet zu veröffentlichen.[27] Ende des Jahres 2003 wurde die Funktion Google Bücher gestartet. Dieser neue Suchdienst wurde speziell auf Printmedien ausgelegt und ermöglichte es, Auszüge aus einer Vielzahl von Büchern in digitaler Form zu durchsuchen.[28]

Am 1.April 2004 startete die Testversion von Google Mail, der wohl größten Neue-rung des Jahres 2004, auf welche im Kapitel 4.2.3 näher eingegangen wird.[29] Anfang Juni 2009 beendete Google schließlich den Teststatuts der Anwendung und der kos-tenlose E-Mail Dienst wurde frei zugänglich. Ebenfalls 2004 errichtete Google in Mountainview das heutige Hauptquartier „Googleplex und es wurde ein Forschungs-und Entwicklungszentrum in Tokio sowie das europäische Hauptquartier in Dublin eröffnet. Zu diesem Zeitpunkt verzeichnete Google bereits eine Vielzahl von Inter-netdiensten und über acht Billionen Websites, was die Nachfrage am Multinationa-len-Konzern weiter steigen ließ. [30]

[25] vgl. Scott (2008), S.10
[26] vgl. Scott (2008), S.11
[27] vgl. Siegenheim, Kaufmanns (2009), S.41
[28] vgl. Schwerin (2009), URL siehe Literaturverzeichnis
[29] vgl. Siegenheim, Kaufmanns (2009), S.41
[30] vgl. Schwerin (2009), URL siehe Literaturverzeichnis

3.2. Der Gang zur Börse

Über den von Google geplanten Gang zur US-Börse wurde schon lange im Vorfeld spekuliert. Am 29.April 2004 wurde dieser dann öffentlich verkündet.[31] Der Grund für den Gang zur Börse lag weniger in der Kapitalsteigerung als mehr am Aspekt der Mitarbeiterbezahlung durch Aktienoptionen. Die Firma Google benötigt für ihren Erfolg kompetente Mitarbeiter, die fähig sind Technologien zu konzipieren und Geschäftsmodelle zu realisieren.[32] Die Vergütung durch Aktienoptionen, welche das Unternehmen gewährleisten wollte, stellt für viele qualifizierte Mitarbeiter die Möglichkeit dar schnell ein eigenes Vermögen zu erreichen ohne ein privates Unternehmen zu gründen. Die Problematik lag allerdings an den Bestimmungen der amerikanischen Finanzgesetzgebung: Sobald ein Unternehmen über mehr als 300 Teilhaber verfügt, fällt es unweigerlich unter die Auflagen und Informationspflichten einer börsennotierten Firma, auch wenn das Unternehmen an sich überhaupt nicht an der Börse notiert ist. Die Google- Gründer Page und Brin mussten nun die Entscheidung treffen, die Zahl der Aktionäre auf unter 300 zu reduzieren oder mit ihrer Firma an die Börse zu gehen. Der Börsengang besaß die positive Nebenwirkung, dass man über ausreichend finanzielle Mittel verfügte und mit den privaten Aktien ein Zahlungsmittel besaß, welches man zur Akquisition von Unternehmen in Anspruch nehmen konnte. [33] Die Online-Einschreibung für den Börsengang erfolgte am 1.August 2004. Ehe die Aktie am 19.August erstmalig an die Börse ging, musste der anfänglich festgelegte Emissionspreis von 108 bis 135 Dollar pro Aktie auf 80 bis 85 Dollar heruntergesetzt werden. Schon am ersten Tag an der Börse erhöhte sich der Kurs auf über 100 Dollar und Larry Page und Sergei Brin wurden zu Multimilliardären.[34] Am 18.November 2005 überstieg die Aktie die 400-Dollar-Marke und hatte einen Börsenwert von 112 Milliarden US-Dollar. Angesichts der hohen Börsennotierung übertrumpfte Google mächtige Konzerne wie zum Beispiel IBM und Coca-Cola. Anderen Wettbewerbern wurde klar, welche enorme Möglichkeit in der Internetsuche durch Verknüpfung mit kontextspezifischer Werbeplatzierung lag.[35] Am 24.Oktober 2006 überschritt das Unternehmen den Marktwert von 150 Milliarden Dollar und am 22.November 2006 kletterte die Aktie über die 500-Dollar-Marke.

Zum derzeitigen Zeitpunkt besaß Google einen Marktwert von 156 Milliarden Dollar und stand auf Platz 14 der US-Unternehmen und auf Platz 3 der globalen IT-

---

[31] vgl. Google (2011), http://www.google.de/intl/de/about/corporate/company/history.html
[32] vgl. Siegenheim, Kaufmanns (2009), S.46-47
[33] vgl. Siegenheim, Kaufmanns (2009), S.47
[34] vgl. Google (2011), http://www.google.de/intl/de/about/corporate/company/history.html
[35] vgl. Siegenheim, Kaufmanns (2009), S.46

8

Unternehmen.[36] Am 19.Oktober 2007 wuchs der Marktwert der Firma auf über 200 Milliarden US-Dollar und Google nahm den 2.Platz der weltweiten IT-Unternehmen ein. Bis zum 31.Oktober 2007 stieg die Aktie binnen 3 Wochen von 600 auf 700 Dollar und Google befand sich auf dem 10. Platz der US-Unternehmen.[37] Insgesamt gibt es 313 Millionen Aktien von Google, der Börsenwert betrug am 17.März 2008 rund 84 Milliarden Dollar. Auch während der Finanzkrise gelang es Google den Erfolg aufrechtzuerhalten. Durch frühzeitige Anpassung an die veränderten Rahmenbedingungen mithilfe von Kostensenkungen und gezielten Investitionen gelang es Google trotz der schwierigen Situation unter der Elite der erfolgreichsten Unternehmen weltweit zu bleiben.[38]

3.3. Entwicklung bis in die Gegenwart

2005 setzte Google sein Ziel, die Informationen auf der Welt zusammenzubringen und diese für die Bevölkerung zugänglich zu machen, durch die Veröffentlichung von Google Maps weiter in die Tat um. Von dort an verbessert das Unternehmen den Kartenservice stetig und fügt neue Eigenschafen hinzu. Beispiele hierfür sind zum einen die Satellitenansicht und die rasante Ausweitung der aufgezeichneten Regionen. Kurz darauf erschien Google Earth, ein mittlerweile anerkannter 3D-Kartenservice, welcher Googles Position als Kartenspezialist erneut festigte. Ebenfalls 2005 führte Google iGoogle, eine personalisierbare Google Seite, den Google Reader und Google Analytics ein. Weiterhin erschienen die verbesserten mobilen Ausführungen von Google Mail, Blogger und der herkömmlichen Suche.[39]

2006 wurde Google zur einflussreichsten Marke des Jahres 2005 gewählt. Im selben Jahr übernahm Google für rund 1,65 Milliarden Dollar das Videoportal Youtube. Weiterhin kaufte das Unternehmen die Start-up Firma Upstartle, mit dem Produkt Writely, aus welchem später Google Docs entstand.

Am 12. April 2006 wird der Google- Kalender als Testversion veröffentlicht, welcher enorme Konkurrenz für vergleichbare Dienste von Yahoo und MSN darstellt. [40]

2007 beginnt das Unternehmen mit der Expansion auf unbekannte Bereiche: Google Maps war fortan auch in Australien zugänglich und der populäre Online Dienst Google Mail konnte von nun an auch ohne Einladung genutzt werden. Die größte

---

[36] vgl. Google (2011), http://www.google.de/intl/de/about/corporate/company/history.html
[37] vgl. Google (2011), http://www.google.de/intl/de/about/corporate/company/history.html
[38] vgl. Siegenheim, Kaufmanns (2009), S.48
[39] vgl. Schwerin (2009), URL siehe Literaturverzeichnis
[40] vgl. Google (2011), http://www.google.de/intl/de/about/corporate/company/history.html

9

Neuerung des Jahres war allerdings die Ergänzung von Google Maps durch den Dienst Google Street View. Von nun an wurde es den Nutzern ermöglicht in vielen Gebieten der USA Straßenansichten einzusehen.[41] Des Weiteren übernimmt die Firma im April 2007 das Online-Werbenetzwerk „DoubleClick", einen der einfluss-reichsten Online- Werbevermarkter.[42]

Im Jahr 2008 wurde die erste iPhone Anwendung veröffentlicht und Google Street View wurde auf eine Vielzahl anderer Orte auf der ganzen Welt ausgeweitet. Des Weiteren wurde eine neue Version des Foto-Services Picasa vorgestellt und ein neu entwickeltes Wissensportal mit den Namen Knol wurde eingeführt. Die jedoch größte Entwicklung des Jahres stellte allerdings die Nachricht dar, dass sich Google ent-schieden hatte seinen eigenen Internet-Browser auf den Markt zu bringen. Die Open-Source-Software Google Chrome konnte ab September 2008 heruntergeladen wer-den und verfügte über die neuartige Funktion, häufig besuchte Seiten über interakti-ve Lesezeichen unverzüglich erreichen zu können. Ende des Jahres beteiligte sich Google weiterhin aktiv am Vordringen ins Software-Geschäft: Es erschien das erste Handy mit dem mobilen Betriebssystem Android.[43]

2009 wurde Google Latitude vorgestellt. Mit dieser Anwendung war es von nun an möglich Freunde über das Mobiltelefon zu lokalisieren.[44] Weiterhin wurde im Mai 2009 Google Wave präsentiert.

Dieses internetbasierte System zur Kommunikation und Zusammenarbeit, welches diese in nur einer Internetanwendung zusammenfassen soll wurde noch im gleichen Jahr auf den Markt gebracht. Im Juni 2009 wurde Google Squared veröffentlicht. Dies ist eine Suchmaschine von Google, welche Suchergebnisse in Tabellenform ausgibt und versucht selbstständig Struktur in unstrukturiertes Datenmaterial aus dem Internet zu bringen.

Zusätzlich wurde an einem eigenen Betriebssystem namens Google Chrome OS ge-arbeitet, welches den eingebetteten Webbrowser Google Chrome als Hauptplattform für Internetanwendungen nutzt. Erste Geräte mit dieser Software sollen 2012 im Handel erhältlich sein.[45]

[41] vgl. Schwerin (2009), URL siehe Literaturverzeichnis
[42] vgl. Google (2011), http://www.google.de/intl/de/about/corporate/company/history.html
[43] vgl. Schwerin (2009), URL siehe Literaturverzeichnis
[44] vgl. Schwerin (2009), URL siehe Literaturverzeichnis
[45] vgl. Google (2011), http://www.google.de/intl/de/about/corporate/company/history.html

10

Am 9.Februar 2010 veröffentlicht Google mit Google Buzz einen Dienst der an Twitter und Facebook angelehnt ist, aber weit darüber hinausgeht. Das neue Programm eröffnet die Möglichkeit Statusmeldungen über Google Mail herauszugeben und diese auf Wunsch mit allen anderen Internetnutzern zu teilen. Weiterhin kündigt Google das GoogleTV an, welches in Kapitel 5.1.3. näher behandelt wird.[46]

Seit Februar 2011 ermöglicht das Google Art Projekt virtuelle Rundgänge durch bekannte internationale Kunstmuseen. Weiterhin können bestimmte Kunstwerke näher betrachtet werden und zusätzliche Informationen zu Werk und Künstler aufgerufen werden. Seit dem 24.Februar ist die Google Cloud Connect verfügbar. Dieses Programm verknüpft sich als Menüband in Microsoft Office und macht es möglich schnell und einfach auf Dokumente von Google Text und Tabellen zuzugreifen. Ende März wurde der neuste Dienst von Google vorgestellt. Google + ermöglicht es Nutzern, ähnlich wie Facbook, Suchergebnisse und Anzeigen mit dem +1 Knopf zu kennzeichnen und andere Benutzer darauf aufmerksam zu machen.[47]

---

[46] vgl. Focus (2010), http://www.focus.de/digital/internet/google/google_did_13668.html
[47] vgl. Google (2011), http://www.google.de/intl/de/about/corporate/company/history.html

4. Anwendungen und Funktionen

Seit der Unternehmensgründung 1998 hat sich Google, neben der Suche in unterschiedlichen Sprachen, mit einer Vielzahl von Produkten und Diensten am Markt etabliert, welche verschiedenen Aufgaben und Problemstellungen gerecht werden. Zu Beginn dieses Kapitels wird die Suchmaschine Google mit all seinen Funktionen genau durchleuchtet. Desweiteren werden zusätzliche Suchwerkzeuge, wie beispielsweise die Buchsuche erläutert. Im weiteren Verlauf des Kapitels wird auf Produkte aus den Bereichen Organisation, Information und Kommunikation eingegangen. Unter 4.2.4 werden die Werbeprogramme *AdWords* und *AdSense*, und der Stellenwert der Werbung für das Unternehmen Google, eingehend dargestellt. Der letzte Abschnitt des Kapitels zeigt das Softwareangebot von Google, wobei mit *Android* auch auf die Aktivitäten auf dem Telekommunikationsmarkt eingegangen wird.

4.1 Google-Suchwerkzeuge

Die Google Suchmaschine ist seit Konzerngründung das Prunkstück des Unternehmens. Mit dieser hat Google in Deutschland eine beinah monopolähnliche Stellung, mit knapp 90% Marktanteil, erreicht. Auch in den USA liegt die Suchmaschine, mit 70%, weit vor ihren größten Konkurrenten Yahoo und Microsoft.[48]

Über die Google-Startseite oder ca. 180 weitere Google-Domains kann die *Google Suche* aufgerufen werden. Bei der Suche stehen dem Nutzer Milliarden von Webseiten zur Verfügung. Die Suchmaschine zeichnet sich durch eine universelle Suchtechnologie aus, mit deren Hilfe, alle Arten von Informationen wie Patente, Schlagzeilen etc. auf einer Seite angezeigt werden können. Noch vor Eingabe eines Suchbegriffs wird das Internet in Echtzeit mit Softwareprogrammen wie sogenannten Crawlern durchsucht. Dabei werden kontinuierlich Dateien im HTML-Format analysiert und abgerufen. Der Auffindort der jeweiligen HTML-Datei wird dabei durch die URL bestimmt. Die Crawler kopieren die Inhalte der Seiten, untersuchen diese nach Links, folgen diesen, kopieren wiederum den Inhalt dieser neuen Seiten, bis ein erheblicher Datenbestand erfasst worden ist. Dieser Ablauf erfolgt permanent, um den aktuellsten Stand der Seiten zu gewährleisten.[49] Crawler sind für die Erfassung von HTML-Formaten ausgelegt und kontinuierlich an weitere, unzählige Formate wie PDF, Word etc. angepasst worden. Technische Grenzen stellt allerdings noch beispielsweise die Darstellung von Text als Grafik, wie es in Überschriften oft der Fall

[48] vgl. Röhle (2010), S. 20f.
[49] vgl. Google (2011i), http://www.google.de/intl/de/about/corporate/company/tech.html

12

ist, dar. An dieser Stelle müssen die Softwareprogramme noch weiter verbessert und optimiert werden.[50] Der nächste Schritt stellt das Parsing dar, wobei die Daten auf Muster untersucht werden, welche mit dem HTML-Standard vordefiniert sind, und dann strukturiert werden. Bei der nachfolgenden Indexierung wird ein umfangreicher Index aller, auf den gecrawlten Seiten gefundenen Wörter, inklusive deren Standortangabe erstellt. Der Index umfasst heute bereits 100 Millionen GB. Bei einer Suchanfrage wird diese an den Google-Rechner gesendet, der alle Dokumente des Indexes abfragt.[51] Als Ergebnis stellt das System dann alle übereinstimmenden Seiten wie Texte, Videos etc. mit zusätzlichen Informationen, welche in Form eines Textabzugs abgerufen werden können, zusammen.[52]

Einer der wichtigsten Faktoren bei der Suche ist die Relevanz, d.h. in welcher Reihenfolge die Suchergebnisse angezeigt werden. Neben 200 weiteren Bestandteilen, Seiten auf ihre Relevanz hin zu überprüfen, setzt Google auf den innovativen PageRank Algorithmus. Dieses, von den Google Gründern Larry Page und Sergei Brin entwickelte und mehrfach patentierte Verfahren, ist ein Indikator für Linkpopularität. Die Wichtigkeit einer Seite wird dabei durch die Anzahl und Qualität der externen, auf diese Seite führenden, Verlinkungen bestimmt.[53] Dabei steigt eine Seite in der Relevanz umso höher, je höher der PageRank der verlinkenden Seite ist.[54] Die weiteren Untersuchungsfaktoren dienen hauptsächlich inhaltlichen Aspekten oder analysieren die Häufigkeit der verwendeten Wörter auf einer Seite.[55] Urhebern einer Seite stehen die kostenlosen *Webmaster Tools* zur Verfügung. Dort sind auch die Webmaster Richtlinien hinterlegt. Trotz einer Vielzahl von Schutzmaßnahmen gibt es im Bereich der Suchmaschinenoptimierung immer wieder Manipulationsversuche. So werden beispielsweise Wörter auf einer Seite öfter wiederholt, um einen besseren PageRank und somit eine höhere Relevanz zu erreichen. Auf das gleiche Ergebnis zielen auch alle anderen Bestrebungen ab. So sind Linkfarmen darauf ausgerichtet, verschiedene Seiten mit Verlinkungen zu versorgen. Aus dem gleichen Zweck gibt es Linkbörsen, bei welchen Verlinkungen gekauft werden können. Eine weitere schwerwiegende Methode den Suchmaschinen-Algorithmus zu täuschen ist das sogenannte Cloaking. Bei dieser Methode werden die Crawler von der Seite erkannt und auf eine andere Version der Seite weitergeleitet, deren Inhalt von der Seite, die der Benutzer der Suchmaschine letztendlich sieht, stark abweicht. Ähnlich funktionieren Doorway- Pa-

---

[50] vgl. Röhle (2010), S.90
[51] vgl. ebenda, S. 99-105
[52] vgl. Google (2011i), http://www.google.de/intl/de/about/corporate/company/tech.html
[53] vgl. ebenda und Hübener (2009), S. 9-20
[54] vgl. Röhle (2010), S. 123
[55] vgl. Hübener (2009), S. 9

13

ges. Bei diesen Seiten wird der Benutzer automatisch zu einer anderen Seite weitergeleitet. Gegen all diese Manipulationsversuche versucht sich Google zu schützen. So merkt sich das System beispielsweise die IP-Adressen der verlinkenden Seiten und kann Mehrfachverlinkungen dadurch genau identifizieren. Desweiteren können durch den Algorithmus Links, die von Linkfarmen stammen, oft identifiziert und abgewertet werden, da Links ihre Gültigkeit als Qualitätsmerkmal in diesen Fällen verlieren.[56] Gleiches gibt dabei auch für Linkbörsen. Bei Verletzungen der Webmaster-Richtlinien kommt es zu einem einmonatigen Ausschluss aus dem Index, was ein Nichtanzeigen bei den Suchergebnissen impliziert. Fatalere Missbräuche können auch zu längerfristigen Sanktionen führen.[57] Eine dauerhafte Möglichkeit solchen Täuschungen vorzubeugen ist ein, unter Sandbox bekannter, inoffizieller Filter. Dabei wird Seiten, die neu im Web sind, ein Bonus zugerechnet, wodurch diese Seiten in der Relevanz steigen. Nach einer Woche erlischt dieser Bonus. Er soll Verlinkungen zu zwielichtigen Seiten ausbremsen.[58]

Eine der höchsten Prioritäten für das Unternehmen Google hat die Geschwindigkeit. So werden kontinuierlich neue Funktionen und Programme entwickelt, gleichzeitig wird aber alles daran gesetzt, die Suche noch schneller zu machen. Eine relativ neue Funktion, die diesen Zeitfaktor berücksichtigt, ist *Google Instant*, eine automatische Vervollständigung noch bevor der Suchbegriff komplett eingegeben wurde. Diese Neuerung spart nicht nur Zeit, sondern hilft auch bei besseren Formulierungen, da die algorithmisch ermittelten, besten Suchanfragen vor der vollständigen Eingabe bereits im Suchfeld angezeigt werden. Mit ihnen werden die Ergebnisse bereits vor Absendung des Suchbegriffs geliefert.[59] Weitere Funktionen, die schnell für gewünschte Informationen sorgen, sind Direktabfragen von Wetter, Einheiten, Adressen, Rechtschreibung, Kinoprogramm, Werbung etc.[60] Neben der normalen Suche ist auch die *Auf-gut-Glück-Suche* eine Möglichkeit. Dabei wird nach Eingabe des Suchbegriffs direkt die erste Seite der Suchergebnisse angezeigt. Mit *iGoogle* steht dem Benutzer eine personalisierbare Google Seite zur Verfügung. Er kann seine Seite individuell layouten und nach dem Baukastensystem zusammensetzen, indem er sogenannte Gadgets zu seinen persönlichen Interessen hinzufügt. Den Benutzern eines Google Kontos steht auch die soziale Suche zur Verfügung. Bei dieser werden in den Suchergebnissen relevante Informationen, die von den eigenen sozialen Kontakten er-

---

[56] vgl. Hübener (2009), S. 9-12
[57] vgl. Röhle (2010), S. 95
[58] vgl. Hübener (2009), S. 12f.
[59] vgl. Google (2011b), URL siehe Literaturverzeichnis
[60] vgl. Google (2011h), http://www.google.de/intl/de/help/features.html

14

stellt wurden, hervorgehoben.[61] Neben diesen vielfältigen Funktionen der Suchmaschine, von denen hier nur einige aufgeführt werden, bietet Google umfassende Sucheinstellungen. Diese betreffen u.a. die Anzahl der Ergebnisse pro Seite, die Suchsprache, Standort-Einstellungen und *Google Instant*. Desweiteren gibt es den *Safe-Search-Filter*, eine automatisierte Methode, der verhindert, dass Inhalte, die nur für Erwachsene bestimmt sind, angezeigt werden.[62]

Die Suchmaschine bietet, neben der Begriffssuche, noch weitere vielfältige Möglichkeiten. Sehr populär ist die *Bildersuche*. Hier steht dem Nutzer eine Vielzahl von Bildern zur Verfügung. Neben der Bilderanzeige wird auch die Quelle (zugehörige Homepage) angezeigt. In der erweiterten *Bildersuche* kann der Nutzer gezielte Einstellungen vornehmen, wie beispielsweise eine Farbauswahl.[63] Eine weitere beliebte Suchkategorie sind Videos. Auf dieser User-Plattform können Privatpersonen oder öffentliche Institutionen bis 2009 Videos hochladen. Aufgrund des Zukaufs der Video-Plattform *YouTube*, wird das Hochladen bei *Google Video* eingestellt. Da sich Google nun wieder ganz auf seine Funktion als beste Suchmaschine konzentrieren möchte, werden im Mai dieses Jahres alle hochgeladenen Videos komplett gelöscht, sodass der *Google Video* Dienst nun als ganz normale Suchmaschine fungiert.[64] Neben Bildern und Videos ist seit 2005 auch die *Büchersuche* möglich. Der Grundgedanke dabei ist, die Bestände der Bibliotheken zu digitalisieren, um somit jedem diese Informationen online zugänglich zu machen. Google hat dazu mit renommierten Bibliotheken auf der ganzen Welt Verträge abgeschlossen, wonach Google die Bücher, deren urheberrechtlicher Schutz abgelaufen ist, veröffentlichen darf. Eine weitere Quelle ist das Verlagsprogramm. Dabei stellt Google Teile von Büchern ins Netz, die zwar noch urheberrechtlich geschützt sind, bei denen der Verlag jedoch seine Zustimmung gegeben hat. Zu jedem Buch werden dann Informationen angezeigt, wo beispielsweise das Buch gekauft werden kann. Bei dem Verlagsprogramm geht es primär um die Vermarktung der Bücher und die Steigerung der Erlöse.[65] Mit seiner umfangreichen Bereitstellung von Bildern, Videos und Büchern gerät Google, wegen der Urheberrechte, immer wieder in Kritik. Schon lange herrscht im Netz das sogenannte Copy-Paste-Syndrom, wonach Plagiarismus, d.h. das systematische Abschreiben, Kopieren, Wiederverwenden zur Regel geworden sind. Mit speziell entwickelter Software wird versucht dem Plagiarismus entgegen zu wirken. Allein im

---

[61] vgl. Google (2011j), URL siehe Literaturverzeichnis
[62] vgl. Google (2011g), URL siehe Literaturverzeichnis
[63] vgl. Google (2011k), URL siehe Literaturverzeichnis
[64] vgl. Nebelmaschine (2011), URL siehe Literaturverzeichnis
[65] vgl. Kuhlen (2009), S. 568 und Reischl (2008), S. 124-128

Videosegment verliert die Branche jährlich Milliarden durch die unerlaubte Nutzung kopiergeschützter Videos.[66] Google setzt seit neustem, und nicht zuletzt aufgrund der immer größer werdenden Kritik, eine Inhaltsidentifizierung für Videos ein, um Urheberrechte zu schützen. Dabei wird ein Vergleich der hochgeladenen Videos mit einer Referenzdatenbank vorgenommen und bei Übereinstimmung wird das hochgeladene Video von der Plattform entfernt.[67] Auch die *Buchsuche* steht immer wieder in der Kritik, Urheberrechte der Autoren zu verletzten. So wurde in der Vergangenheit eine Vielzahl von verwaisten[68] oder vergriffenen, urheberrechtsgeschützten Werken veröffentlicht.[69] Im März 2011 wird ein Vergleichsvorschlag des Unternehmens, das Google Book Settlement, vom New Yorker Gericht abgelehnt, wonach Google auch europäische, urheberrechtsgeschützte Werke, ohne Zustimmung des jeweiligen Autors, hätte digitalisieren dürfen. Trotz dieses Erfolgs, und damit der Wahrung der Urheberrechte deutscher Autoren und Verlage, stehen viele Menschen der Büchersuche weiterhin kritisch gegenüber, da sie durch Google eine Monopolisierung von Informationen befürchten.[70] Die *Google Büchersuche* stellt allerdings, entgegen aller Kritik, Wissen zur freien Verfügung und digitalisiert die Bestände der Bibliotheken, wozu diese aufgrund der fehlenden Finanzmittel nicht in der Lage sind.[71]

Aufgrund der umfangreichen Datenspeicherung wird der multinationale Konzern Google von Datenschützern auf der ganzen Welt immer wieder kritisiert. Ein großes Problem dabei ist, dass sich die Nutzer der unzähligen Gratisprogramme, die Google anbietet, meist nicht im Klaren darüber sind, wie viele Informationen sie eigentlich preisgeben und wie Google diese indirekt sammelt. Über sogenannte Cookies, die bei der Benutzung der Suchmaschine und anderen Anwendungen an den jeweiligen Server gesendet werden, gelingt es Google, das Suchverhalten der Nutzer genau zu verfolgen. Dabei werden grundlegende Suchinformationen gespeichert, wie die IP-Adresse, Tag und Uhrzeit, Browserinformationen, Suchbegriffe oder Betriebssystem, welche bis zu 9 Monate im Speicher von Google verbleiben dürfen. Durch diese Masse an Informationen können sehr genaue Nutzerprofile erstellt werden. Bei der Anwendung personalisierter Programme kommen weitere Informationen hinzu, die alle miteinander verknüpft, ein noch genaueres Nutzerprofil ergeben.[72] In diesem Kapitel wird auf den Datenschutz bei den einzelnen Anwendungen teilweise noch

[66] vgl. Reischl (2008), S. 118-124
[67] vgl. Google (2011e), http://video.google.de/support/bin/answer.py?hl=de&answer=82734&topic=1069382
[68] Von verwaisten Büchern wird gesprochen, wenn dem Werk kein Autor zugeordnet werden kann
[69] vgl. Kuhlen (2009), S. 568
[70] vgl. Lorenz- Meyer (2011), S. 19
[71] vgl. Kuhlen (2009), S. 568
[72] vgl. Reischl (2008), S. 43ff. und Röhle (2010), S. 191-194

16

genauer eingegangen. Ausführlich wird das Thema unter Punkt 5.3 im weiteren Verlauf dieser Arbeit nochmals behandelt.

4.2 Webanwendungen

4.2.1 Organisation und Ordnung von Daten

Ein beliebtes Programm, mit welchem ein eigener Blog kostenlos erstellt werden kann, ist *Google Blogger*. Dabei stehen dem Nutzer, der über ein Google Konto verfügen muss, viele Tools zur Verfügung, um beispielsweise den eigenen Blog zu designen. Desweiteren können Einträge kommentiert und mit *Picasa* Fotos direkt hochgeladen werden.[73]

2006 kauft Google *YouTube*, die, mit 800 Millionen Nutzern monatlich, größte Video-Plattform der Welt. Nutzern, die auf *YouTube* ein Konto eingerichtet haben, steht ein vielfältiges Angebot zur Verfügung. So können sie u.a. Kinofilme ausleihen, Videos kommentieren und abonnieren oder auch selbst Videos ins Netz stellen und mit unzähligen Tools bearbeiten. Wie auch Google, wird *YouTube* ausschließlich über Werbung finanziert. Beim *YouTube* Partnerprogramm werden Privatpersonen ausgewählt, die regelmäßig Videos hochladen. In diesen Videos werden dann einzelne Werbesequenzen eingeblendet. Daran verdient der Besitzer des Videos ebenso wie Google.[74] Da diese Art von Werbung immer populärer und effektiver wird, nutzen auch immer mehr Großfirmen dieses Angebot. Ein weiterer großer Vorteil ist dabei nämlich der geringe Streuverlust, da die Werbeanzeigen zielgruppenspezifisch geschaltet werden können.[75]

4.2.2 Informationsangebote

2005 startet der Dienst *Google Maps*. Auf dem Bildschirm wird die Welt als Landkarte dargestellt. Die Darstellung ist dabei als Kartenansicht, Luftbild oder eine Kombination aus beidem möglich. Auf der virtuellen Karte kann u.a. nach Orten oder Institutionen gesucht werden, wobei dann zusätzlich Informationen darüber angezeigt werden. In vielen Ländern kann *Google Maps* personalisiert genutzt werden, indem Routenplanungen erstellt und abgespeichert werden können. Seit 2007 bietet Google den Zusatzdienst *Street View* an. Bei diesem Service, der in *Google Maps* integriert ist, können 360° Panoramaaufnahmen aus den größten Städten der Welt am Bildschirm erkundet werden. Bereits im Vorfeld der Veröffentlichung der Aufnahmen gibt

---

[73] vgl. Google (2011f), http://picasa.google.com/support/
[74] vgl. YouTube (2011), http://www.youtube.com/t/about_essentials
[75] vgl. Frankfurter Allgemeine Zeitung (2007), URL siehe Literaturverzeichnis

es bei Datenschützern große Bedenken, dass Persönlichkeitsrechte verletzt würden.[76] Ausführlicher wird auf die Kritik unter 5.3 eingegangen.

Mit dem *Google Übersetzer* können Worte, Sätze oder ganze Webseiten in 57 Sprachen übersetzt werden. Um gute Ergebnisse zu erzielen, sucht *Google Übersetzer* bei einem Übersetzungsvorgang nach ähnlichen Mustern in Millionen bereits übersetzten Dokumenten. Je mehr Übereinstimmungen es dabei gibt, desto besser ist die Übersetzungsqualität. Da es sich um eine rein maschinelle Anwendung handelt, sind die Ergebnisse allerdings nicht immer perfekt.[77]

4.2.3 Kommunikation und Zusammenarbeit

2004 führt Google eine Testversion, und 2007 die Standartversion des kostenlosen E-Mail Dienstes *Google Mail* ein. Während damals bereits 1 GB Speicherplatz zur kostenlosen Verfügung stehen, wirbt der E-Mail Dienst mittlerweile mit 7 GB Speicher, der je nach Bedarf kostenpflichtig erweitert werden kann. Neben Übersichtlichkeit und optimalen Spamschutz, zeichnet sich *Google Mail* vor allem durch seine schnelle Suche in den Mailordnern aus.[78] Die Eröffnung eines Google Kontos liefert dem Unternehmen massenhaft persönliche Daten. Desweiteren behält es sich Google vor, alle E-Mails permanent zu scannen, um kontextspezifisch Anzeigen zu schalten, was aus Sicht des Datenschutzes sehr kritisch zu beurteilen ist.[79] In den USA ist *Google Mail*, was dort als *Gmail* vermarktet wird, Marktführer. In Deutschland bleibt der Marktanteil allerding hinter GMX und WEB zurück.[80]

Mit *Google+* versucht Google seit Juni 2011 die sozialen Netzwerke, allen voran Facebook, zu attackieren. Die derzeitige Testversion hat bisweilen 40 Millionen Nutzer zu verzeichnen. *Google+* ist übersichtlich aufgebaut und funktioniert nach einem simplen Prinzip. Dabei werden Kontakte, die beispielsweise aus dem Adressbuch des *Google Mail* Kontos hinzugefügt werden können, in Gruppen aufgeteilt. Desweiteren können mit sogenannten Sparks Inhalte zu eigenen Interessen gesucht, und Artikel zu bestimmten Themen abonniert werden. In der jetzigen Version können Links, Bilder und Statusnachrichten miteinander geteilt werden. Ein Ökosystem, das den Auftritt von Unternehmen und Organisationen zulässt, ist derzeit allerdings noch

---

[76] vgl. Krys u.a. (2011), S. 259f. und Reischl (2008), S. 106-117
[77] vgl. Google (2011l), http://translate.google.de/about/intl/de_ALL/
[78] vgl. Krys u.a. (2011), S. 258f. und Google (2011d)
[79] vgl. Reischl (2008), S. 66f.
[80] vgl. Krys u.a. (2011), S. 259

nicht zu finden.[81] Kritisiert wurde Google aufgrund eines anfänglichen Verbots von Pseudonymen, was allerding in der Zwischenzeit aufgehoben wurde.[82]

4.2.4 Werbung und Unternehmenstools

Die Einnahmen, die Google benötigt, um die unzähligen, kostenlosen Programme zu finanzieren, werden zu 97% aus Werbung, als Haupteinnahmequelle generiert. Mit seinen zwei unterschiedlichen Werbeprogrammen *AdWords* und *AdSense* stehen dem Kunden vielfältige Möglichkeiten zur Verfügung, sein Produkt zu promoten. Bei *AdWords* werden Anzeigen in Form von Sponsored Links auf der Suchergebnisseite von Google mit den organischen Ergebnissen angezeigt. Hierbei handelt es sich um kontextsensitive Werbung. Der Kunde wählt einige Keywords für seine Anzeige aus, sodass bei Übereinstimmung von Suchbegriffen, die der Nutzer in die Suchmaschine eingibt, und Keywords die entsprechenden Anzeigen erscheinen. Dadurch erhöht sich die Chance, dass der Nutzer auch tatsächlich den Anzeigen folgt und auf die Seite des jeweiligen Kunden geleitet wird. Dieses Konzept verfolgt das Ziel, den Nutzer durch exakt zielgruppenspezifische Werbung zum Konsumenten zu machen. Die Suchmaschine weiß durch die simple Begriffseingabe, was der Nutzer will und schaltet die Anzeigen dementsprechend.[83] Um das Werbeprogramm zu nutzen, muss der Kunde ein Konto bei Google anlegen. Als Google Kunde kann er dann eine vierzeilige Anzeige erstellen, die dann nach oben beschriebenem Prozess erscheint. Mit der Funktion *Insight for Search* stehen dem Kunden Statistiken zur Verfügung, die beispielsweise zeigen, wie oft nach bestimmten Keywords gesucht wird. Damit die Anzeige in den Ergebnisseiten erscheint, legt der Werbekunde ein maximales Gebot pro Klick fest. Wann die Anzeige erscheint ist reiner Zufall, auf welchem Platz jedoch setzt sich aus dem Maximalangebot pro Klick und mehreren Qualitätsfaktoren (Qualität des Anzeigentextes, Klickrate des Keywords usw.) zusammen. Durch Angabe eines maximalen Tagesbudgets hat der Kunde seine Kosten voll unter Kontrolle. Desweiteren kann er seine Anzeigen verwalten, indem er beispielsweise Start- und Endzeit, Sprache, Platzierungswünsche oder geografische Optionen bestimmt.[84] Bei den geografischen Optionen kann das *AdWords-Targeting* von *AdWords-Geo-Targeting* unterschieden werden. Beim einfachen *Targeting* geht es um zielgerichtete Werbung in Ländern, Regionen und Städten, sowie die zielgruppenspezifische Werbung (auch Behavioural-Targeting). Beim *Geo-Targeting* wird dagegen ein Umkreis um den

---

[81] vgl. Heise Online (2011), URL siehe Literaturverzeichnis und Reißmann (2011), URL siehe Literaturverzeichnis
[82] vgl. Netzwelt (2011), http://www.netzwelt.de/news/89057-google-klarnamenzwang-aufgehoben.html
[83] vgl. Greifeneder (2010), S. 110-120 und Röhle (2010), S. 186-188
[84] vgl. Greifeneder (2010), S. 114-120 und Reischl (2008), S. 80-84

Standort des Werbekunden festgelegt. Diese zielgruppenspezifische und geografische Werbung ist nur über Kenntnis der IP-Adressen der Empfänger und den, aus
Suchprozessen generierten, Informationen möglich. Während beim *AdWords* Programm nur Anzeigentexte als Werbung möglich sind, bietet *AdSense* noch andere
Werbeformen, wie Bilder oder Videos.[85] Mit dem Zukauf von Double Klick 2008 konnte Google im Bereich der Display- und Bannerwerbung wichtige Kernkompetenzen
hinzu gewinnen.[86] Bei Google *AdSense* lassen Webseitenbetreiber, Werbung von
Google auf ihre Seiten schalten. Die Inhaber der Seiten verdienen dabei, ebenso wie
Google, bei jedem Klick. Auch bei *AdSense* wird zum maximalen Erfolg, zielgruppenspezifische und interessenbezogene Werbung eingesetzt, wobei auch demogra-
fische Merkmale wie Geschlecht oder Alter berücksichtigt werden können.[87] Mit
Google Analytics steht dem *AdWords* Kunden eine kostenlose Software zur Verfügung, mit welcher Nutzerbewegungen auf der eigenen Webseite analysiert werden
können. Dabei handelt es sich um eine Universallösung, da Daten nach bestimmten
Kriterien gefiltert, sortiert und Berichte erstellt werden.[88] Seit 2010 bietet Google zudem das sogenannte *Conversion Tracking*, das den *Google Analytics* Dienst noch
ausweitet. Dabei können ganze Suchketten der Nutzer webseitenübergreifend angezeigt werden, um Informationen über die Nutzer und deren Entscheidungsprozess
bis zum Zustandekommen einer Transaktion zu gewinnen.[89] Die Informationsgewin-
nung erfolgt auch hier über Cookies, welche an Nutzer verschickt und von Google
ausgewertet werden. Google verfügt dadurch über einen hohen Datenbestand, mit
dem detaillierte Nutzer- und Interessenprofile angelegt werden können. Aufgrund der
Datenspeicherung und, weil sich der Nutzer, wie oben bereits erwähnt, oft gar nicht
bewusst ist, dass seine Daten gespeichert werden, steht Google auch hier immer
wieder in der Kritik. Besonders das *Conversion Tracking* wird kritisiert, da über meh-
rere Seiten hinweg Daten von Google gespeichert werden.[90] Neben der Online Werbung will Google, nach den USA, auch in anderen Ländern seine Werbeaktivitäten
auf Radio und Zeitungen ausweiten. Viele deutsche Werbeagenturen fürchten dabei,
durch die zunehmende Monopolisierung der Werbelandschaft durch Google, vom
Markt verdrängt zu werden.[91]

[85] vgl. Reischl (2008), S. 84 und Röhle (2010), S. 203-213
[86] vgl. Krys u.a. (2011), S. 263
[87] vgl. Reischl (2008), S. 49-52 und S. 83-86
[88] vgl. Röhle (2010), S. 195f.
[89] vgl. Theobald und Haisch (2011), S. 278f.
[90] vgl. Hansen (2008), S. 506 und Röhle (2010), S. 195-199
[91] vgl. Reischl (2008), S. 86-92

4.3 Softwareangebote

Seit 2004 bietet Google mit *Picasa* eine kostenlose Bildbearbeitungssoftware an, die derzeit in der Version 3.8. verfügbar ist. Mit *Picasa* stehen dem Nutzer unzählige Tools zur Bildgestaltung zur Verfügung, darunter beispielsweise die Erstellung Foto-collagen oder Video-Diashows. Darüber hinaus bietet Google die Möglichkeit, Fotos in Webalben hochzuladen, um sie mit Freunden zu teilen. Ebenso können Urlaubs-bilder mit sogenannten Geotags versehen und in *Google Earth* integriert werden.[92]

Bei *Google Earth* handelt es sich um einen virtuellen Globus, der aus Luft- und Satel-litenbildern zusammengesetzt ist, die Google von Drittfirmen kauft. Der Nutzer kann sich die Welt von Oben ansehen, Standorte suchen und finden und zoomen etc. Darüber hinaus sind 3D-Aufnahmen u.a. von Himmel, Mond oder Planeten verfüg-bar. *Google Earth* ist als kostenloser Download mit seinen Grundfunktionen erhält-lich. Für professionelle Anwender oder Unternehmen gibt es *Google Earth Pro* bzw. *Google Earth Enterprise.*[93]

Ein weiteres Produkt, das Google anbietet, ist die *Toolbar.* Diese kann automatisch in den Browser integriert werden und bietet, neben dem Suchfenster, weitere nützli-che Funktionen, wie die Meldung von Mails oder die Anzeige des PageRank der je-weiligen Seite, wobei dieser oft sehr ungenau ist. Datenschützer kritisieren auch an der *Toolbar* die Verfolgung des Nutzers.[94]

2008 erscheint das Betriebssystem *Google Chrome*, mit welchem Google die Brow-ser- Marktführer Mozilla Firefox und Internet Explorer angreifen zu versucht. Mit *Chrome* setzt Google auf Geschwindigkeit und Einfachheit, was sich u.a. auf die Übersichtlichkeit auswirkt, sowie Stabilität. Desweiteren hat Sicherheit einen hohen Stellenwert. So verfügt *Chrome* beispielsweise über automatische Sicherheitsup-dates. Der übersichtliche Browser zeichnet sich außerdem durch vielerlei Funktionen aus, wie die integrierte, automatische Seitenübersetzung oder die sogenannte Omni-box, welche als Adresszeile und Suchfeld gleichermaßen fungiert.[95]

Schon lange hegt Google Bestrebungen, ebenfalls Produkte für den schnell wach-senden, profitablen Telekommunikationsmarkt zu entwickeln. Gemeinsam mit 47 Partnern gründet Google im Jahr 2007 die sogenannte Open Handset Alliance be-stehend aus Netzbetreibern, Geräteherstellern, Chipherstellern und Internetfirmen.

[92] vgl. Google (2011f), http://picasa.google.com/support/
[93] vgl. Google (2011c), URL siehe Literaturverzeichnis und Reischl (2008), S. 106-117
[94] vgl. Hübener (2009), S. 19f. und Rupp (2010), S. 17
[95] vgl. Google (2011a), URL siehe Literaturverzeichnis und Krys u.a. (2011), S. 260

Ergebnis der Alliance ist das gemeinsam entwickelte Betriebssystem *Android*. 2008 bringt T-Mobile zusammen mit HTC das erste *Android*-basierte Mobiltelefon auf den Markt.[96] Das *Android* Betriebssystem ist kostenfrei, es fallen also keine Lizenzgebühren an. Seit 2008 betreibt Google den sogenannten *Android* Market, auf dem Anwendungen (Apps) kostenlos oder gegen eine geringe Gebühr heruntergeladen werden können. Kritisiert wird dabei allerdings oft, dass Nutzer von *Android* ein Google Konto eröffnen müssen, um Zutritt auf den *Android Market* gewährt zu bekommen.[97] Seit der Markteinführung des Betriebssystems hat *Android* seinen Marktanteil in diesem Geschäftsfeld stetig ausgebaut. Während der Marktanteil von *Android* 2009 bei 3,9% liegt, hat sich der Anteil im dritten Quartal 2010 mit 25,3% mehr als versechsfacht. Auch mit der aktuellen Version des Betriebssystems können 2011 positive Wachstumszahlen verbucht werden. Dabei ist davon auszugehen, dass diese positive Entwicklung weiter fortschreitet.[98] Aktuelle Zahlen und neuste Entwicklungen werden unter 5.1 im weiteren Verlauf dieser Arbeit erläutert.

---

[96] vgl. Krys u.a. (2011), S. 263-266 und Reischl (2008), S. 93-105
[97] vgl. Bäumer (2011), S. 18f. und Mosemann und Kose (2009), S. 1
[98] vgl. Pytlik und Lomas (2010), URL siehe Literaturverzeichnis und Steier (2011), URL siehe Literaturverzeichnis

22

5. Ausblick - Der Weg zum ersten „Information Utility"

Die Welt befindet sich im Wandel. Durch Revolutionen in der Technologie wie auch eine Veränderung im Konsumentenverhalten ist ein Internet Hype entstanden, bei dem Google eine tragende Rolle spielt.[99] Trotz hoher Innovationskosten erwirtschaftet Google im dritten Quartal 2011 einen Nettogewinn von 2,7 Mrd. Dollar, ein Gewinnplus von 25% im Vergleich zum Vorquartal.[100] Doch ist das in Mountain View ansässige Unternehmen stets darauf bedacht, den eigenen Innovationsprozess voranzutreiben. So finanziert es beispielsweise die nächsten drei Jahre das in Berlin neugegründete Forschungsinstitut an der Humboldt Universität mit 4,5 Mio. Euro, welches das Internet in Verbindung mit der gesellschaftlichen Entwicklung erforschen soll.[101] Doch der Schlüssel zum Erfolg des Internet Konzerns liegt in seiner strategischen und revolutionären Nutzung der IT, wie auch an seiner Unternehmensphilosophie. Durch diese Strategie schafft es Google zu einer der wertvollsten Marken, mit einer Marktkapitalisierung von fast 200 Mrd. Dollar bei einem Aktienkurs über 600 US$ pro Aktie, ein Anstieg von 7% verglichen mit dem Vorjahr.[102]

Der Blick in die Zukunft zeigt, dass Google bestrebt ist, das weltweit erste „Information Utility" zu werden. Ein Information Utility wird von seinen Begründern als Massenkommunikationssystem bezeichnet, durch welches der Nutzer direkt mit einem zentralen Computer mit Datenbank interagiert und umgehend nach seiner Suchanfrage die Informationen erhält. Google geht den Weg eines Informationsversorgers, da es durch seine Serverfarmen weit über 1 Mio. Computer miteinander vernetzt, welche weltweit strategisch verteilt sind.[103] Durch Verknüpfung seiner diversen Dienste wie etwa *Google Maps, Google Earth oder Android* ermöglicht es den Benutzern mit Hilfe verschiedener Medien Zugriff auf Wissen durch Informationen zu erlangen. Anhand dieses Geschäftsmodells ist es dem Unternehmen möglich, langfristig zu planen und Trends zu erkennen, um die dafür geeigneten Funktionen zu entwerfen.[104]

Der Global Player schafft sich also beste Voraussetzungen um das erste Information Utility zu werden.

Im Folgenden wird explizit auf Googles Zukunftspläne und zukünftige Innovationen eingegangen, welche ebenfalls den Trend im Konsumentenverhalten, wie auch die

---

[99] vgl. Schütz (2011), S. 20
[100] Vgl.Naussauische Neue Presse (2011), S.1
[101] vgl. Braun (2011), S.1
[102] Vgl. Kraemer,K. u.a. (2008), S. 61f
[103] Vgl. Kraemer,K. u.a. (2008), S. 61f
[104] Vgl. Kraemer,K. u.a. (2008), S. 62f

Chancen und Risiken, der von Google realisierten Produkte für die Nutzer beinhalten.

5.1 Zukünftige Entwicklung

Im Gegensatz zu allen anderen Unternehmen betreibt Google seinen Hauptsitz Mountain View eher wie eine Universität als eine Firmenzentrale. Durch Ingenieursvorträge, Einzelgruppenprojekte oder der offenen, risikobehafteten Teamarbeit, kommt ein „Out-of-the-box" Gedanke der Mitarbeiter zur Innovationsförderung auf.[105] So entstehen durch die einmalige Unternehmenskultur und dem Innovationsgeist der Mitarbeiter beinahe täglich neue Produkte. Googles Zukunftspläne bestehen nicht nur aus der Stärkung seines Kerngeschäfts, der suchbasierten Online Werbung, sondern auch aus dem Vordringen in immer neue, zielgruppenorientierte Geschäftsbereiche. Mittlerweile zählen *Motorola* und *YouTube*, sowie zahlreiche andere Dienste zum Label Google und festigen dessen Stellung als Informationsversorger auf unterschiedlichen Kanälen. Die Vision, externe Software überflüssig zu machen und alles online erledigen zu können, ist der Ausblick des Internet Giganten.[106] Der wachsende mobile Markt, die Verschmelzung des gewöhnlichen Fernsehens mit dem Internet und die Idee des Cloud-Computing sind die primären Investitions- und Zukunftsprojekte Googles.

5.1.1 Mobile Anwendungen

Nach Angaben des Marktforschungsunternehmens Gartner kommt das von Google geführte Betriebssystem *Android* im dritten Quartal 2011 auf einen Marktanteil von 52,5%, doppelt so viel wie noch im Jahr zuvor.[107] Das im vierten Quartal 2011 erscheinende *Android* 4.0 soll diese Erfolgsgeschichte weiterführen. Das sogenannte „Ice Cream Sandwich", benannt nach seiner Verknüpfung der Smartphone Version 2 und der Tabletversion 3, soll eine leichtere Programmierung der Applikationen ermöglichen und weitere Features wie etwa die Gesichts- und Gestikerkennung standardisieren.

Doch ist ein Ziel Googles weiterhin, die verbesserte Vermarktung seiner Werbeanzeigen in mobilen Applikationen und Netzen.[108] Die Vision von CEO Eric Schmidt, eine drahtlose Zukunft aus sehr kostengünstigen Geräten und Tarifen ist bedingt

---

[105] Kraemer,K. u.a. (2008),S. 61f
[106] Vgl.Ridderbusch (2011) S.2
[107] Vgl.Gartner (2011), URL siehe Literaturverzeichnis
[108] Vgl. Kraemer,K. u.a. (2008), S. 67

24

durch Googles Erfolg bei der Durchsetzung seiner Initiative, Anwendungen unabhängig von der Plattform nutzen zu können.[109]

Dem anhaltenden Patentstreit mit Apple wird durch eine Übernahme von *Motorola
Mobility* entgegengewirkt, da hiermit zahlreiche Softwarepatente in Googles Reper-
toire aufgenommen werden um das erklärte Primärziel „Mobile First" voranzutreiben.[110]

Mit dem Erwerb der weltweiten Lizenz für das kontaktlose Bezahlverfahren *Paywave*
ist das nächste mobile Projekt angelaufen.[111] In Verbindung mit *Google Wallet* ist es
VISA Kunden möglich, mit Hilfe ihres Smartphones zu bezahlen. Dieser Dienst soll
nach einer viermonatigen Testphase in den USA nun in den Regelbetrieb übergehen,
und für sämtliche Zahlkarten möglich werden.[112] Der Durchbruch soll *Google Wallet*
mit der Option Coupons und Gutscheine einzulösen, gelingen.[113] Eine Übernahme
Groupons, dem Marktführer der Group-buying-Hysterie, ist jedoch 2011 gesschei-
tert.[114]

*„Mobile wird eine der größten technologischen Revolutionen, die die jetzigen Gene-
rationen erleben werden"*[115], ist sich Nord- und Zentraleuropachef Philipp Schindler
sicher. Somit setzt Google alles daran, das mobile Ökosystem voranzutreiben. Sel-
ten sei eine Technologie so schnell in der Bevölkerung aufgenommen worden erklärt
Thomas Schildhauer vom Humboldt Institut für Internet und Gesellschaft. Die Bereit-
schaft der Nutzer an der Gestaltung und Veränderung des Internets mitzuwirken und
hierbei eigene Spuren zu hinterlassen, werden zu einer Steigerung des Komforts des
analogen Lebens führen, so der Gründungsdirektor.[116]

Es ist daher wenig verwunderlich, dass das Unternehmen einen hochdotierten Erfin-
derpreis ins Leben gerufen hat, mit welchem Softwareentwickler angeregt werden
sollen, neue *Android* kompatible Anwendungen zu kreieren.[117]

5.1.2 Cloud Computing

Die Grundidee der Auslagerung von Daten und Anwendungen auf externe Server der
Google Infrastruktur, sodass der Benutzer auf diese unabhängig von Lokalisation,

---

[109] Vgl. Kraemer,K. u.a. (2008), S. 67
[110] Vgl. Schütz, (2011), S. 23
[111] Vgl. cards Heft(2011),S.45
[112] Vgl. Westfalenblatt (2011),S.1
[113] Vgl. Schütz, (2011), S. 24
[114]Vgl. Eisele (2011)S.3
[115] Schütz (2011), S. 23
[116]Vgl. Karisch (2011) S.23
[117] Vgl. Kraemer,K. u.a. (2008),S. 67

Endgerät oder Softwareplattform darauf zugreifen kann wird laut Expertenmeinung Googles Zukunft am stärksten prägen.[118] Durch bereitgestellte Dienste wie *Gmail* oder *GoogleDocs* macht das Hochladen von Daten in sogenannte Clouds, externe Festplatten und Speicherungen überflüssig. Über *Google Apps for Business* können Unternehmen Büroprogramme und den Dienst ihre Daten kostenpflichtig dezentral bei Google zu speichern, erwerben. Immer mehr Firmen nehmen diesen, 4€ pro Monat und Nutzer teuren, Tarif in Anspruch, da er sowohl B2B Beziehungen, als auch die Möglichkeiten des simultanen Arbeitens erheblich erleichtert.[119]

Die Prognosen bekräftigen Googles Vordringen in den Cloud Computing Markt: So sollen die Ausgaben potentieller Kunden bis 2020 um 500% auf 241 Mrd. Dollar ansteigen.[120] Das Marktforschungsunternehmen Gartner sieht die momentane Entwicklung kritisch. Es werde noch Jahre dauern, ehe sich diese Form der IT Nutzung durchsetzt, meinen die Analysten und stützen ihre Aussage auf die allgemeinene Unsicherheit der Nutzer.[121] (siehe 5.4)

Mit der Einführung seines Musikportals *GoogleMusic* schließt Google eine wichtige Lücke in seiner Produktpalette. Hierbei wird die Musik durch externe Clouds gestreamt[122], wodurch das Synchronisieren mit unterschiedlichen End- und Wiedergabegeräten entfällt und ein wesentlicher Vorteil im Vergleich zu Apples iTunes ist.[123] Für Google stellt sich nun die Frage der idealen Vermarktung. Außerdem ist fraglich, ob Unternehmen und Einzelpersonen bereit sind, für eventuelle Speicherabonnements zu bezahlen.

Dass viel Potential im Cloud- Markt steckt, zeigt die rasante Entwicklung des mobilen Marktes, welcher mit seinen Möglichkeiten auf die Cloud Dynamik angewiesen ist.[124]

5.1.3 GoogleTV

Mit *GoogleTV* eröffnet der Softwareanbieter einen, von ihm erschaffenen, Trend, der den Fernsehmarkt revolutionieren soll.[125] Die Verschmelzung von Internet und Fernsehen wird in einer Gemeinschaftsarbeit mit Sony, Intel und Logitech entwickelt. Letzteres Unternehmen hat im November 2011 seinen Ausstieg aus dem Projekt be-

[118] Vgl. Kraemer,K. u.a. (2008),S. 67
[119] Vgl. Schlandt, (2011b) S. 15
[120] Vgl. Weiss, H. (2011) S. 12
[121] Vgl. Weiss, H. (2011) S. 12
[122] Datenübertragung, wobei Daten bereits während des Herunterladens genutzt werden können
[123] Vgl. Heuzeroth (2011)S. 14
[124] Vgl. Weiss (2011) S.12
[125] Vgl.Nassauischer Neue Presse (2011), S.1

kannt gegeben.[126] Durch das Betriebssystem *Android* soll *GoogleTV* mittels Set-Top-Boxen, in Verbindung mit einem HDTV Fernsehgerät, die bisherige Trennung des World Wide Webs und des Fernsehens aufheben.[127] Die von Google entworfenen Anwendungen, wie der Browser *Chrome* in Verbindung mit dem Flashplayer von Adobe, sollen mittels einer Suchmaschine, neben Websites auch audiovisuelle Inhalte aus dem TV finden und wiedergeben können.[128] Bei der Planung von *GoogleTV* steht der Konsument zudem explizit im Vordergrund. Angedacht ist eine Open-Source Plattform auf *Android*, mit welcher der Nutzer eigene „Widgets"[129] anlegen und nutzen kann. Auch eine Ermittlung des Sehverhaltens und darauf abgestimmte individuelle Programmtipps sind in Planung. [130]Über seine Video-Plattform *YouTube* plant Google 100 neue Kanäle einzurichten, die mit den herkömmlichen TV-Kanälen konkurrieren sollen. Vorgesehen sind Programme in den Bereichen Musik, Lifestyle, Unterhaltung und Sport, welche mit berühmten Showmastern besetzt sind.[131] Google unternimmt bereits den Versuch, die dafür benötigten Lizenzen und Rechte großer Veranstaltungen zu erwerben. [132]

Der Trend, die sogenannte Konvergenz der Mediengattungen, gestaltet Google aus seiner Hauptzentrale Mountain View, ohne direkt vor Ort zu agieren und Mitarbeiter zu benötigen.[133]

Doch zeigt der Rückzug Logitechs aus dem Projekt Google auch seine Grenzen auf. So ist der für 2011 geplante Start von *GoogleTV* mehrmals korrigiert worden, da bisherige internetfähige Endgeräte nur Einzelleistungen, wie etwa *YouTube*, mit speziellen Programmen ermöglichten. Logitech sieht zwar enormes Potential in diesem Markt, doch seien die Endkonsumenten noch nicht bereit den Medienkonsum im Wohnzimmer umzukrempeln, so Logitech Chef Guerrino De Luca über das Desinteresse der Benutzer und den Ausstieg seines Unternehmens.[134]

Der Rückzug dieses wichtigen Geschäfts- und Entwicklungspartners zwingt Google seine Anforderungen an *GoogleTV* zu reduzieren. So will es statt der Rolle des Alleinanbieters nun eher als Ergänzung zu den Kabelanbietern auftreten. [135]

[126] Vgl. Meusers(2011), URL siehe Literaturverzeichnis
[127] Vgl.Meusers(2011), URL siehe Literaturverzeichnis
[128] Vgl.Washbrook (2010), URL siehe Literaturverzeichnis
[129] Widgets sind Miniatur-Webseiten auf HTML- und JavaScript Basis
[130] Vgl. Cunningham (2010), URL siehe Literaturverzeichnis
[131] Vgl. B.Z.(2011), S.34
[132] Vgl. B.Z.(2011), S.34
[133] Vgl. De Posch,G. u.a. (2008), S.164f
[134] Vgl.Meusers (2011), URL siehe Literaturverzeichnis
[135] Vgl.Meusers (2011), URL siehe Literaturverzeichnis

5.2 Zukünftige Finanzierungspläne

Geld ist im World Wide Web nur auf zwei Arten zu verdienen: mit dem Verkauf physischer Güter oder dem Werbegeschäft.[136] Letzteres generiert noch immer den signifikanten Teil von Googles Umsatz. Das Unternehmen unternimmt aktuell den Versuch unabhängiger vom sich verändernden Werbemarkt zu werden. Google bot seine Dienste bislang kostenfrei an, beginnt derzeitig allerdings für seinen Karten- und Routendienst *Google Maps* zu kassieren.[137] Ab 2012 plant Google bei 25.000 *Maps* Aufrufen pro Tag und Seite eine Pauschale von 4-10 Dollar zu verlangen. Dies betreffe allerdings nur 0,35% aller Webseiten, vorrangig große Unternehmen wie Edeka oder HRS.de. Diese haben mit *Google Maps Premier*, einem erweiterten *Google Maps* Dienst, für 10.000$ pro Jahr die Möglichkeit eines Abonnements. Dieser Schritt Weg von der Gratiskultur soll es Webnutzern ermöglichen, weiterhin kostenlos diesen Dienst zu nutzen.[138] Doch ist diese Strategie sehr riskant. Großkunden und Unternehmen könnten abspringen und somit Marktanteile an den größten Konkurrenten Microsoft verloren gehen. Der Plan, mit kostenlos angebotenen Diensten Marktmacht aufzubauen, um mit Hilfe dieser später Profit zu erwirtschaften, kann aufgehen, allerdings sind noch vor 10 Jahren Firmen reihenweise damit gescheitert.[139] Ungeachtet der Kommerzialisierung der Produktpalette Googles, findet durch die Sozialisierung des Webs 2.0 auch eine Veränderung der Werbung statt. Im Web wirken Werbeanzeigen nur noch dort, wo sie exakt zur richtigen Zeit, im passenden Format den Konsumenten erreicht.[140] Dies hat auch Google erkannt und richtet sein bisheriges, gut funktionierendes, Werbegeschäft darauf aus. Investiert wird vor allem in die individuell angepasste Platzierung von Werbeinhalten auf mobilen Geräten, sogenannte Display-Werbung, welche abhängig von Suchergebnissen oder Lokation angepasste Onlinewerbung positioniert. Hierbei soll ein zielgruppengenaues Consumer Engagement erzeugt werden, welches traditionelle Medien wie etwa Fernsehen nicht anbieten können, so Europachef Philipp Schindler.[141]

Googles größtes Versäumnis, die großen Unternehmen zu erreichen, soll ebenfalls nachgeholt werden. Bereitgestellte Technologieplattformen für Speicher, Rechenleistung oder Transaktionsaufkommen sollen Firmen und Entwicklern die Möglichkeit der Nutzungsbasierten Abrechnung geben, ohne dass diese die dafür notwendige IT be-

---

[136] Vgl.Koenen (2011) S.25
[137] Vgl.Postinett (2011) S. 12
[138] Vgl.Postinett,(2011) S. 12
[139] Vgl. Koenen (2011) S.26
[140] Vgl. Bauer,H. u.a. (2008) S.5
[141] Vgl. Schüz (2011) S. 3

sitzen müssen. Eine weitere Strategie ist das Bereitstellen von Hardware, auf der eine Reihe von Anwendungen installiert ist, aus denen der Benutzer auswählen kann. [142]

Der bisherige Weg der Gratiskultur Googles nimmt ein Ende. Der Softwarekonzern schlägt mit der Kommerzialisierung von *Google Maps* einen neuen Pfad ein, welcher Einbußen seiner Marktmacht zur Folge haben könnte. (siehe 5.3.)

5.3 Marktbeherrschende Stellung

Marktbeherrschende Stellung bedeutet, ein Unternehmen ist auf nationalem Markt ohne Wettbewerber oder weist eine überragende Marktstellung auf. Ein Indiz für letzteres ist ein Marktanteil von mehr als einem Drittel bei einem einzelnen Unternehmen. [143]

Mit einem durchschnittlichen Marktanteil von 80% weltweit, beherrscht Google den Suchmaschinenmarkt und ist damit nach gängiger Definition Monopolist.[144] Im September 2011 hat sich Google vor dem Wettbewerbsausschuss des US-Senats verantworten müssen. Der Vorwurf, Google würde bei seinen Suchergebnissen seine eigenen Produkte vor denen der Konkurrenz auflisten, ist als Anklagepunkt im Raum gestanden, was einen eindeutigen Missbrauch der Marktmacht bedeuten würde. [145]

Außer der, in China durch die Google-Zensur marktführenden, Suchmaschine Baydu erreicht kein anderer Wettbewerber global einen zweistelligen Marktanteil. Durch die Mitfinanzierung eines Yahoo-Verkaufs will sich Google einen Kontrahenten erhalten, um seine immer größer werdende Marktmacht vor staatlicher Regulation zu schützen.[146]

„Wenn ein Unternehmen den Markt kontrolliert, dann kontrolliert es letztlich auch die Entscheidung der Konsumenten." [147] Zitiert der Technologieblock „All Things Digital" den Chef des Restaurantführers Yelp Jeremy Stoppelkamp. Die US- Handelsbehörde FTC, wie auch das deutsche Kartellamt werden Google ganz genau beobachten und gegebenenfalls ein Verfahren einleiten, welches für den Softwaregiganten milliardenschwere Strafzahlungen zur Folge haben könnte.[148] Neben möglichen Kartellstrafen ist Google aber auch im Patentstreit des mobilen Softwaremarkts involviert.

---

[142] Vgl. Kraemer,K. u.a. (2008), S. 67
[143] Vgl. Woeckener (2007) S.49f
[144] Vgl. Schlandt (2011a), S.14
[145] Vgl. Schnettler (2011)S.1
[146] Vgl. Die Presse (2011), S.9
[147] Schnettler(2011), S.1
[148] Vgl. Schnettler(2011), S.1

Nach Firmenangaben sind derzeit 190 Millionen *Android* betriebene Geräte im Gebrauch, wodurch Google mit 52,5% Marktanteil Nokias Symbian OS (16,9%) und Apples iOs (15%) längst überholt hat. [149]Die im Sommer angekündigte Übernahme Motorolas ist ein strategischer Schachzug im Patentkrieg mit Microsoft, Apple und Nokia, durch den eines der größten Patentportfolios der Branche und Know-how zur Fertigung eigener Handys in Googles Besitz übergingen.

Auch mit seiner weiteren Produktpalette rangiert Google auf Spitzenplätzen. Nebenprodukte wie *Google Earth* nutzen laut einer Umfrage des Instituts der deutschen Wirtschaft 45% aller Baufirmen. Mehr als die Hälfte von befragten Automobilunternehmen gebrauchen das Übersetzungsprogramm *Google Translate*.[150] Mit seinem geplanten Betriebssystem *Chrome OS* setzt das Unternehmen aus Mountain View Microsoft derart unter Zugzwang, dass diese ihr Betriebssystem Microsoft 8 bereits jetzt ankündigen und in Betaversionen präsentieren.

5.4 Datenschutz und soziale Verantwortung

Die Sozialisierung des Webs 2.0 durch soziale Netzwerke und benutzerindividuelle Inhalte ruft immer mehr Datenschützer auf den Plan. Laut Facebook Gründer Marc Zuckerberg ist durch den gesellschaftlichen Wandel Privatsphäre nicht länger zeitgemäß. [151] Es geht einmal mehr um das sogenannte „magische Dreieck", welches sich aus den Pfeilern Pressefreiheit-Datenschutz-Persönlichkeitsrechte zusammensetzt.[152] Google ist als Innovator selbstverständlich in beinahe jeden Web-Streit involviert. Längst ist der Suchmaschinengigant bei jedem Spaziergang durch das Internet dabei und sammelt Daten wie Suchanfragen, IP-Adressen und Benutzerdetails.[153] Von Unternehmensseite her heißt es, dass diese Daten der besseren Beurteilung von Benutzerpräferenzen und damit besseren Suchergebnissen dienen würden, doch verraten diese Statistiken Google persönliche Interessen, Vorlieben und soziale Probleme. 2008 ist es Google dadurch sogar gelungen, mit überdurchschnittlich oft gesuchten Begriffen wie „Grippe" oder „Antibiotika", eine der schlimmsten Grippewellen der USA vorauszusagen und erwies sich als nützlicher Dienst für Ärzte und Apotheker.[154] Dennoch stellt Google seine medizinische Plattform für Ärzte und Krankenhäuser *Google Health* aufgrund von Akzeptanzproblemen in der Bevölkerung am 1. Januar 2012 ein. Elektronisch abgespeicherte Patientenakten sollten ei-

[149] Vgl. Kolokythas (2011), URL siehe Literaturverzeichnis
[150] Vgl. Evert (2011), S.16
[151]Vgl. Schuster (2011), URL siehe Literaturverzeichnis
[152]Vgl. Kern(2011),S.23
[153]Vgl. Kraemer u.a. (2008)S. 68f
[154]Vgl. Millischer (2011),S.1

nen einfacheren Austausch zwischen Patient und Mediziner ermöglichen. Da *Google Health* nicht dem Gesundheitsdatenschutzgesetz unterliegt, haben Kritiker jedoch die Weitergabe der Daten an Dritte befürchtet. [155]

„Vertrauen ist daher inzwischen das zentrale Thema der Branche" [156], so Karim Attia, Vorstand von Nugg.ad. Moderne Unternehmen wie Google kämpfen als Datenbesitzer um ihren guten Ruf. Angeforderte Daten von deutschen Behörden an den Suchmaschinenkonzern wurden 2011 zu 67% ausgehändigt um Beschwerden über Diffamierung nachzugehen.[157] Nach einem Urteil des Bundesgerichtshofs in Deutschland müssen auch Hostprovider wie Google Beschwerden über Löschungen von betroffenen Privatpersonen überprüfen und gegebenenfalls durchführen. [158]

Googles Nebenprodukte *Google Earth* und *Google Street View* sorgen ebenso weltweit für Kritik. Die Veröffentlichung von Satellitenbildern und Luftaufnahmen sorgt speziell bei Regierungen für Unmut, da geheime Militärstützpunkte und Infrastruktur zu spezifischen Standorten für jedermann ersichtlich gewesen sind. China und die Vereinigten Staaten haben diese Aufnahmen als nationale Bedrohung angesehen, sodass Google die Aufnahmen nun größtenteils verpixeln lässt.[159] Das 2007 gestartete *Google Street View* hat Deutschlandweit für Aufruhr gesorgt und so musste das Unternehmen auch hier zahlreiche Häuser und Personen unkenntlich machen.

„Don't be evil", so lautet das offizielle Google Motto. An der Einführung von *Google+* lässt sich die neue Firmenphilosophie hin zur vertrauenswürdigen Organisation erkennen. So ist das Netzwerk seinem Konkurrenten Facebook in der Privatsphäreneinstellung voraus und lockt damit bereits zum Start mehr als 50 Millionen Nutzer zu sich, welche Zuckerbergs Aussage, über die Abschaffung der Privatsphäre, nicht teilen.Im Allgemeinen reagiert Google auf Kritik und spezifische Anliegen durch Modifizierung seiner Produkte, jedoch wird dem Unternehmen die kundenfreundliche Initiative zur Verbesserung seines Portfolios abgesprochen.[160] Der Softwaregigant muss Lösungen finden, um den Kunden gleichberechtigten Zugang zu Informationen ermöglichen und gleichzeitig den Schutz der Privatsphäre garantieren, um nicht weiter als marktbeherrschender Datensammler, sondern als erstes Information Utility angenommen zu werden.

---

[155] Vgl. Pieper (2008), URL siehe Literaturverzeichnis
[156] Pellikan (2011), S.86
[157] Vgl. Pellikan (2011), S.87
[158] Vgl. Rosenbach u.a. (2011),S.82
[159] Vgl. Kraemer,K. u.a. (2008), S. 68
[160] Vgl. Kraemer,K. u.a. (2008) S. 68

6. Fazit

In nur 13 Jahren hat es Google vom Suchmaschinenanbieter zum weltweit schnellst wachsenden Unternehmen geschafft. Die mit einem Markenwert von 111 Milliarden Dollar bezifferte und damit zweitwertvollste Firma der Welt, hat ihren vergangenen Erfolg vor allem seiner außergewöhnlichen IT-Infrastruktur, wie auch seiner einzigartigen Unternehmensphilosophie zu verdanken. Durch das Einstellen hochtalentierter Wissenschaftler und Ingenieure für die Entwicklung neuer Produkte, die Bildung unabhängiger Arbeitsgruppen mit ausgeprägten Freiheiten und enormen

Budgets, sowie die Konzentration auf F&E, kann Google immer wieder Innovationen verbuchen und in neue Geschäftsfelder vordringen. Seine immensen finanziellen Ressourcen erlauben dem Unternehmen, verpasste Trends nachzuholen oder in komplett neue Bereiche zu investieren und forschen. Google ist bei der Entwicklung seiner Produkte weit weniger Risiken ausgesetzt als andere Unternehmen. Es ist in der Lage, halbfertige Anwendungen und Produkte online einzuführen und fährt selbst bei einem Misserfolg wertvolle Daten und Erträge aus Werbeeinnahmen ein.[161]

Aus den übertriebenen Erwartungen vieler Dotcom Unternehmen an das Internet und ihren daraufhin erfolgenden Absturz hat auch Google gelernt.[162] So erforscht es die momentane gesellschaftliche Entwicklung mit dem Internet um daran angepasste Produkte und Werbeplatzierungen generieren zu können. Mögliche Datenschutzverletzungen durch das Sammeln von Persönlichkeits- und Lokationsdaten und die daraus resultierende Unsicherheit in der Bevölkerung sind die elementarsten Negativaspekte auf dem Weg zurück an die Spitze. Google ist Begründer seines eigenen Hypes und nutzt augenblickliche Trends um der erste globaler Informationsversorger zu werden.

---

[161]Vgl. Kraemer,K. u.a. (2008) S. 69
[162]Vgl. Honsel (2006), URL siehe Literaturverzeichnis

Literaturverzeichnis

Andres, S. (2006), Mundpropaganda Marketing ,
Hamburg 2006

Bauer,H. u.a. (2008), Die Zukunft des Mobile Marketing, in:
Erfolgsfaktoren des Mobile Marketing, Springer, 2008 , Heidelberg

Bäumer, F. (2011), Android – Grundlagen, Anwendungsentwicklungen und mögliche
Verdienstformen, Studienarbeit an der Fachhochschule Aachen, Aachen 2011

Bettray, S., Fredrich, S. und Smailagig J. (2004), Google: zur Anatomie einer
Suchmaschine, Norderstedt 2004

Braun, R. (2011), Google wills jetzt selber wissen, in:
Märkische Allgemeine, 03.11.2011, S. 16

B.Z. (2011), Google plant über 100 neue TV-Sender, in:
B.Z., 01.11.2011, Nr.299, S.34

Cards (2011), Google erwirbt Paywave Lizenz, in:
cards Heft, Nr. 4, 01.11.2011, S.45

Cunningham, T. (2010), What we know about so far about GoogleTV,
Auf dem Technik Blog von GoogleTV:
http://www.gtvhub.com/2010/05/24/what-we-know-so-far-about-google-tv/,
letzter Zugriff am 23.11.2011

De Posch, G. u.a. (2008), Zukunft Fernsehen – Content ist King Kong, in:
Auslaufmodell Fernsehen?, 2008, S. 164, Wiesbaden

Die Presse (2011), Google könnte Yahoo Kauf finanzieren, in:
Die Presse, 24.10.2011, S.9

Evert, H. (2011), Nicht regulieren was spannend und neu ist, in:
Die Welt, Nr.239, 13.10.2011, S.14

Farlex, (2011), Definition Hype, Auf den Seitern der „the free dictionary",
http://de.thefreedictionary.com/Hype ,
letzter Zugriff am 29.11.2011

Focus (2010), Google Geschichte: Vom Uni-Projekt zum Weltkonzern,
Auf den Seiten des Focus-Online,
http://www.focus.de/digital/internet/google/google_did_13668.html,
letzter Zugriff am 30.11.2011

Frankfurter Allgemeine Zeitung (2011), Internet - Werbung soll Youtube profitabel
machen, Auf den Seiten der Frankfurter Allgemeinen Zeitung,
http://www.faz.net/aktuell/wirtschaft/netzwirtschaft/internet-werbung-soll-   y-
outube-profitabel-machen-1464366.html, Stand: 23.08.2007

Google (2011a), Chrome – Erste Schritte, Auf den Seiten von Google,
http://www.google.com/support/chrome/bin/topic.py?topic=14659,
Letzter Zugriff am 28.11.2011

Google (2011b), Ergebnisse während Ihrer Eingabe, Auf den Seiten von Google,
http://www.google.com/support/websearch/bin/answer.py?hl=de&answer=186
610&topic=1186810, Letzter Zugriff am 25.11.2011

Google (2011c), Google – Earth, Auf den Seiten von Google,
http://www.google.de/intl/de/earth/explore/products/desktop.html,
Letzter Zugriff am 27.11.2011

Google (2011d), Google Mail – Die 10 besten Gründe für Google Mail,
Auf den Seiten von Google, http://mail.google.com/mail/help/intl/de/about.html,
Letzter Zugriff am 30.11.2011

Google (2011e), Inhaltsidentifizierung, Auf den Seiten von Google,
http://video.google.de/support/bin/answer.py?hl=de&answer=82734&topic=10
69382, Letzter Zugriff am 30.11.2011

Google (2011f), Picasa und Picasa Webalben, Auf den Seiten von Google,
http://picasa.google.com/support/, Letzter Zugriff am 29.11.2011

Google (2011g), Sucheinstellungen, Auf den Seiten von Google,
http://www.google.com/support/websearch/bin/answer.py?hl=de&answer=358
92&topic=1678514 Letzter Zugriff am 30.11.2011

Google (2011h), Suchfunktionen – Optimieren Sie Ihre Suche, Auf den Seiten von
Google, http://www.google.de/intl/de/help/features.html,
Letzter Zugriff am 30.11.2011

Google (2011i), Technologieüberblick, Auf den Seiten von Google,
http://www.google.de/intl/de/about/corporate/company/tech.html, Letzter Zu
griff am 24.11.2011

Google (2011j), Was ist iGoogle?, Auf den Seiten von Google,
http://www.google.com/support/websearch/bin/answer.py?hl=de&answer=203
24&topic=1224171, Letzter Zugriff am 25.11.2011

Google (2011k), Über Google Bilder, Auf den Seiten von Google,
http://images.google.com/support/bin/answer.py?hl=de&answer=112512&ctx=
cb&src=cb&cbid=z72sthq6b5n9, Letzter Zugriff am 30.11.2011

Google (2011l), Über Google Übersetzer,
http://translate.google.de/about/intl/de_ALL/, Letzer Zugriff am 19.11.2011

Google (2011m), Der Werdegang von Google, Auf den Seiten der Google Inc.
http://www.google.de/intl/de/about/corporate/company/history.html,
Letzter Zugriff am 30.11.2011

Greifeneder, H. (2010), Erfolgreiches Suchmaschinenmarketing – Wie Sie bei Goog
le, Yahoo, MSM & Co. ganz nach oben kommen, 2. Auflage, Wiesbaden 2010

Hansen, M. (2008), Google Analytics auf dem Prüfstand, in: Datenschutz und Da
tensicherheit, 32, 2008, 8, S. 506

Heise Online (2011), Lob und Kritik für Google+-Sicherheit, Auf den Seiten von Hei
se Online, http://www.heise.de/newsticker/meldung/Lob-und-Kritik-fuer-
Google-Sicherheit-1383456.html, Meldung vom 28.11.2011

Heuer, S. (2011), Scheitern als Geschäftsmodell, in:
Zeit, Nr. 9, 01.03.2011, S. 23

Honsel, G. (2006), Die Hype-Zyklen neuer Technologien,
Auf den Seiten des Spiegels,
http://www.spiegel.de/netzwelt/tech/0,1518,443717,00.html, letzter Zugriff am
26.11.2011

Hübener, M. (2009), Suchmaschinenoptimierung kompakt – Anwendungsorientierte
Techniken für die Praxis, Berlin und Heidelberg 2009

Karisch, K. (2011), Das Internet geht in eine neue Richtung, in:
Frankfurter Rundschau, 28.10.2011, S. 23

Kaufmanns, R. und Siegenheim, V. (2009), Die Google Ökonomie- Wie der Gigant
das Internet beherrschen will, Düsseldorf 2009

Kern, E. (2011), Google macht das schon, in:
Die Welt, Nr.251, 27.10.2011, S.23

Koenen, J. (2011), Internet: Der langsame Abschied von der Gratiskultur, in:
Handelsblatt, Nr.211, 01.11.2011, S.25

Kolokythas,P. (2011), Gartner-Android-Marktanteil steigt auf über 50 Prozent
Auf den Seiten von PC-Welt:
http://www.pcwelt.de/news/Gartner-Android-Marktanteile-deutlich-ueber-50-
Prozent-3914656.html, letzter Zugriff am 20.11.2011

Kraemer, K. u.a. (2008), Google: Das weltweit erste „Information Utility"? in:
Wirtschaftsinformatik, Vol. 51, Nr. 1, 2009, S. 61-71.

Krys, C., Knyphausen-Aufseß, D. und Bieger, T. (Hrsg., 2011), Innovative Ge
schäftsmodelle - Konzeptionelle Grundlagen, Gestaltungsfelder und unter
nehmerische Praxis, Heidelberg, Dordrecht u.a. 2011

Kuhlen, R. (2009), Buchdigitalisierung durch Google, Wirtschaftsdienst, 89, 2009, 9,
S. 568

Lorenz-Meyer, A. (2011), Ein einzig großes Scannen, in Wiener Zeitung, 221,
15.11.2011, S. 19

Meusers, R.(2011), Logitech steigt nach Verlusten aus Google TV aus,
Auf der Online Seite des Spiegels:
http://www.spiegel.de/netzwelt/gadgets/0,1518,797546,00.html,
letzter Zugriff am 23.11.2011

Millischer, S. (2011), Wie Ökonomen mit Google forschen, in:
Neue Luzerner Zeitung, 27.10.2011,

Mosemann, H. und Klose, M. (2009), Android – Anwendungen für das Handy- Be
triebssystem erfolgreich programmieren, München und Wien 2009

Nassauische Neue Presse (2011), Google scheffelt Milliarden, in:
Nassauische Neue Presse, 15.10.2011, S.1

Nebelmaschine (2011), Google Video wird geschlossen,
Auf den Seiten des Blogs Nebelmaschine,
http://franchiseeverybody.blogspot.com/2011/04/google-video-wird- geschlos
sen.html, Meldung vom 21.04.2011

Netzwelt (2011), Google+: Klarnamenzwang wird aufgehoben,
Auf den Seiten von Netzwelt.de, http://www.netzwelt.de/news/89057-google-
klarnamenzwang-aufgehoben.html, Letzter Aufruf am 30.11.2011

Pellikan,L (2011), Das große Misstrauen, in:
werben& verkaufen, Nr.43, 27.10.2011, S.86

Pieper, C. (2011), Krankendaten bei Google speichern? In den USA sind digitale
Krankenakten im Kommen
Auf den Seiten der Ärztezeitung des Springerverlags:
http://www.aerztezeitung.de/praxis_wirtschaft/telemedizin/?sid=500981,
letzer Zugriff am 25.11.2011

Postinett, A. (2011), Ein Schritt weg von der digitalen Gratiskultur, in:
Handelsblatt, Nr. 212, 02.11.2011, S.12

Pytlik, M. und Lomas, N. (2009), Android und iPhone OS verzeichnen 2009
wachsende Marktanteile, Auf den Seiten von ZDNet,
http://www.zdnet.de/news/41527968/android-und-iphone-os-verzeichnen-
2009-wachsende-marktanteile.htm, Meldung vom 24.02.2010

Reischl, G. (2008), Die Google Falle, 3. Auflage, Wien 2008

Ridderbusch, K. (2011), Die Google Zukunft – Vom Suchen zum Denken
Auf den Seiten von Welt online,
http://www.welt.de/wirtschaft/webwelt/article2400155/Die-Google-Zukunft-
Vom-Suchen-zum-Denken.html, letzer Zugriff am 10.11.2011

Rosenbach, M. u.a. (2011), Richter Google, in:
Der Spiegel, Nr.44, 31.10.2011, S.82

Röhle, T. (2010), Der Google Komplex – Über Macht im Zeitalter des Internets,
Bielefeld 2010
Rupp, S. (2010), Google Marketing: Werben mit AdWords, Analytics, AdSense & Co,
München 2010

Reißmann, O. (2011), Neues Netzwerk – Was Google+ besser macht als Facebook,
Auf den Seiten von Spiegel Online,
http://www.spiegel.de/netzwelt/web/0,1518,771351,00.html,

Stand: 29.06.2011

Schlandt, J. (2011a), Gewinn mit Google, in:
Frankfurter Rundschau, 28.09.2011, S.14

Schlandt, J. (2011b), Google mischt die Karten neu, in:
Frankfurter Rundschau, 01.11.2011, S.14

Schnettler, D. (2011), Google kämpft um Freiheit, in:
Allgemeine Zeitung, 22.09.2011,

Schwerin, R. (2009), Elf Jahre Google-Ein Rückblick auf die Geschichte von
Google, Auf den Seiten von PC-Welt,
http://www.pcwelt.de/news/Elf-Jahre-Google-Ein-Rueckblick-auf-die-
Geschichte-von-Google-430850.html,
letzter Zugriff am 30.11.2011

Schuster, J. (2011), Für den Facebook Gründer ist Privatsphäre nichtmehr
zeitgemäß,
Auf den Seiten von Heise,
http://www.heise.de/newsticker/meldung/Fuer-den-Facebook-Chef-ist-Pri
vatsphaere-nicht-mehr-zeitgemaess-900367.html,
letzer Zugriff am 20.11.2011

Schütz, V. (2011), Der Markt ist groß genug für alle, in:
Horizont, Nr.37, 15.09.2011, S.20

Scott, V. (2008), Google- Corporations That Changed The World,
Westort (USA) 2008

Steier, H. (2011), Google erzielt Marktanteile, Google Gewinne,
Auf den Seiten von NZZ Online,
http://www.nzz.ch/nachrichten/digital/apple_app_store_google_android_marke
t_1.13393496.html, Meldung vom 23.11.2011

Theobald, E. und Haisch P. (Hrsg., 2011), Brand Evolution – Moderne Markenfüh
rung im digitalen Zeitalter, Wiesbaden 2011

Walser (2011), Fachbegriffe aus dem Online-Marketing,
Auf den Seiten der Webagentur Walser Organisation,
http://www.taskforce.ch/2.php?Nr=224,Letzter Zugriff am 27.11.2011

Washbrook, C. (2010), GoogleTV throws down the gauntlet,
Auf den Seiten von MediaSpy,
http://www.mediaspy.org/report/2010/05/21/google-tv-throws-down-the-
gauntlet/, letzer Zugriff am 23.11.2011

Weiss, H. (2011), Cloud Computing: Noch unausgereift und zu komplex, in:
VDI Nachrichten, Nr. 43, 28.10.2011, S. 12

Westfalen Blatt (2011), Google kämpft ums Portemonnaie, in:
Westfalen-Blatt, 22.10.2011, S.1

VIII

Woeckener, B. (2007), Grundlegende Regelungen des Wettbewerbs,
Strategischer Wettbewerb, Springer Verlag, 2007,Stuttgart

YouTube (2011), Wichtige Infos zu YouTube, Auf den Seiten von YouTube,
http://www.youtube.com/t/about_essentials, Letzter Zugriff am 21.11.2011

Zebisch, S. (2010), Google AdWords- Punktgenau und zielgerichtet werben,
Göttingen 2010